escola - sikolwa	2
viagem - kuhamba	5
transporte - kwetfutsa	8
cidade - lidolobha lelikhulu	10
paisagem - libala	14
restaurante - sitolo sekudla	17
supermercado - isuphamakethe	20
bebidas - tinatfo	22
comida - kudla	23
fazenda - lipulazi	27
casa - indlu	31
sala de estar - indzawo yamabonakudze	33
cozinha - likhishi	35
banheiro - likamelo lekugezela	38
quarto de criança - likamelo lemntfwana	42
vestuário - timphahla tekugcoka	44
escritório - lihhovisi	49
economia - umnotfo	51
profissões - tikhundla	53
ferramentas - emathulusi	56
instrumentos musicais - insimbi yemculo	57
zoológico - i-zoo	59
esportes - temidlalo	62
atividades - imisebenti	63
família - umndeni	67
corpo - umtimba	68
hospital - sibhedlela	72
emergência - simo lesiphutfumako	76
Terra - Umhlaba	77
relógio - liwashi	79
semana - liviki	80
ano - umnyaka	81
formas - kubumbeka kwetintfo	83
cores - imibala	84
opostos - lokwehlukile	85
números - tinombolo	88
idiomas - tilwimi	90
quem / o quê / como - ngubani / ini / njani	91
onde - kuphi	92

Impressum
Verlag: BABADADA GmbH, Nedderfeld 112 , 22529 Hamburg
Geschäftsführer / Verlagsleitung: Harald Hof
Druck: Books on Demand GmbH, In de Tarpen 42, 22848 Norderstedt

Imprint
Publisher: BABADADA GmbH, Nedderfeld 112 , 22529 Hamburg, Germany
Managing Director / Publishing direction: Harald Hof
Print: Books on Demand GmbH, In de Tarpen 42, 22848 Norderstedt

escola
sikolwa

- sala de aulas / likilasi
- dividir / hlukanisa
- quadro / libhodi
- pátio da escola / ligceke lesikolwa
- professor / thishela
- papel / liphepha
- escrever / bhala
- caneta / ipeni
- escrivaninha / lideski
- régua / i-ruler
- livro / incwadzi
- aluno / umuntfu

sacola
sikhwama setincwadzi tesikolwa

estojo de lápis
sikhwanyana semapenisela

lápis
ipenisela

apontador de lápis
umshini wekulolo ipenisela

borracha
i-rubber

bloco de desenho
intfo yekudvweba

desenho
umdvwebo

pincel
libhulashi lekupenda

estojo de tintas
libhokisi lekupenda

tesoura
tikelo

cola
i-glue

livro de exercícios
incwadzi yekutadisha

lição de casa
umsebenti wasekhaya

número
inombolo

somar
hlanganisa

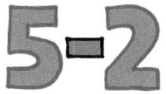

subtrair
susa

multiplicar
phindzaphidza

calcular
bala

letra
incwadzi

alfabeto
feleba

palavra
ligama

escola - sikolwa

texto
umbhalo

ler
fundza

giz
ishogo

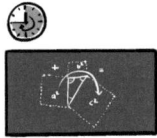
hora
sifundvo

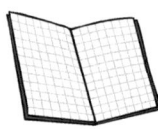
registro da classe
i-register

exame
sivivinyo sekugcina

certificado
sitifiketi

uniforme escolar
timphahla tesikolwa

educação
imfundvo

enciclopédia
i-ensaklopheda

universidade
inyuvesi

microscópio
sipopolo

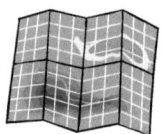
mapa
libalave

cesto de lixo
libhakede lekulahla emaphepha

escola - sikolwa

viagem
kuhamba

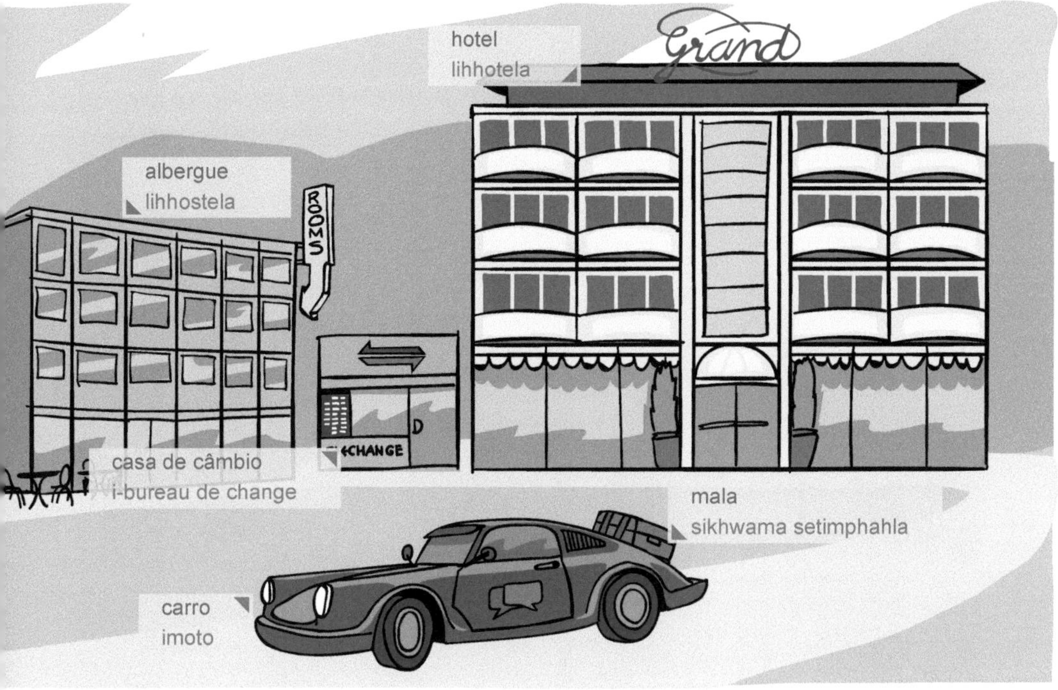

hotel
lihhotela

albergue
lihhostela

casa de câmbio
i-bureau de change

mala
sikhwama setimphahla

carro
imoto

idioma
lulwimi

sim / não
yebo / cha

ok
Kulungile

Olá
sawubona

tradutor
umhumushi

obrigado
Siyabonga

quanto custa...?
ingumalini i....?

eu não entendo
angivisisi kahle

problema
inkinga

boa noite!
Lishonile!

Bom dia!
Kusile!

Boa noite!
Ulale kahle!

até logo
sala kahle

direção
sicondziso

bagagem
umtfwalo

bolsa
sikhwama

mochila
sikhwama lesigacwako

convidado
sivakashi

quarto
likamelo

saco de dormir
sikhwama sekulala

barraca
lithende

viagem - kuhamba

informação turística
imininingwane yetivakashi

praia
ibhishi

cartão de crédito
likhadi lemali

café da manhã
kudla kwasekuseni

almoço
kudla kwasemini

jantar
kudla kwantsambama

bilhete
lithikithi

elevador
i-lift

selo
sitembu

fronteira
umcele

alfândega
emakhasimende

embaixada
i-embasi

visto
i-visa

passaporte
ipasipoti

viagem - kuhamba

transporte
kwetfutsa

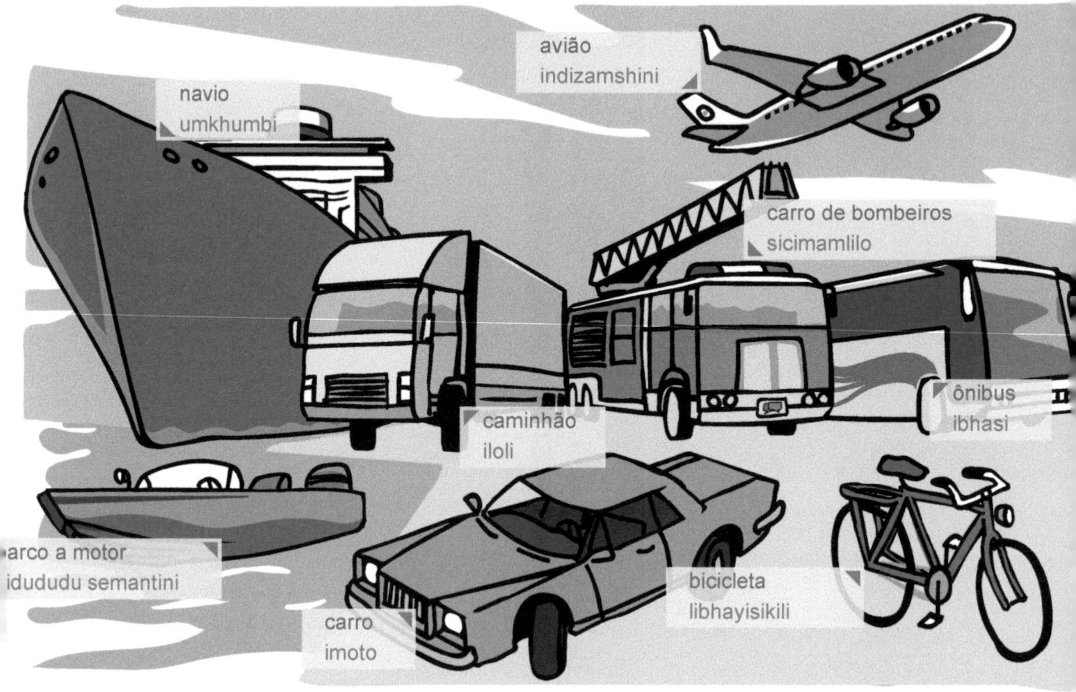

avião
indizamshini

navio
umkhumbi

carro de bombeiros
sicimamlilo

ônibus
ibhasi

caminhão
iloli

arco a motor
idududu semantini

bicicleta
libhayisikili

carro
imoto

balsa
i-ferry

barco
sikebhe

motocicleta
sidududu

veículo policial
imoto yemaphoyisa

carro de corrida
imoto yemjaho

carro de aluguel
imoto yekucashisa

transporte - kwetfutsa

compartilhamento de automóvel	caminhão de reboque	caminhão de lixo
kubolekana imoto	i-breadown	iloli yetibi

motor	combustível	posto de gasolina
imoto	phethiloli	ligalaji laphethiloli

 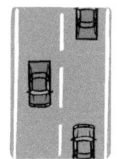 

placa de trânsito	trânsito	trânsito lento
luphawu lwemgwaco	incumbi yetimoto	incumbi yetimoto letime emngwacweni

estacionamento	estação de trem	trilhos
ipaki yemoto	siteshi sesitimela	imizila

 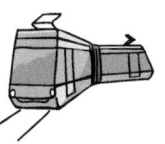 

trem	bonde	vagão
sitimela	i-tram	inkalishi

transporte - kwetfutsa

helicóptero
indiza lenaphephela emhlane

aeroporto
sikhungo setindiza

torre
imoto yekudvonsa letibhajiwe

passageiro
bagibeli

contêiner
intfo yekutfwala

cartolina
likhathoni

carroça
i-cart

cesto
bhasikidi

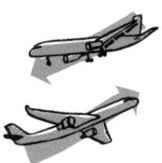
decolar / pousar
kusuka / kwehla

cidade
lidolobha lelikhulu

vilarejo
umuti

centro da cidade
ekhatsi nelidolobha

casa
indlu

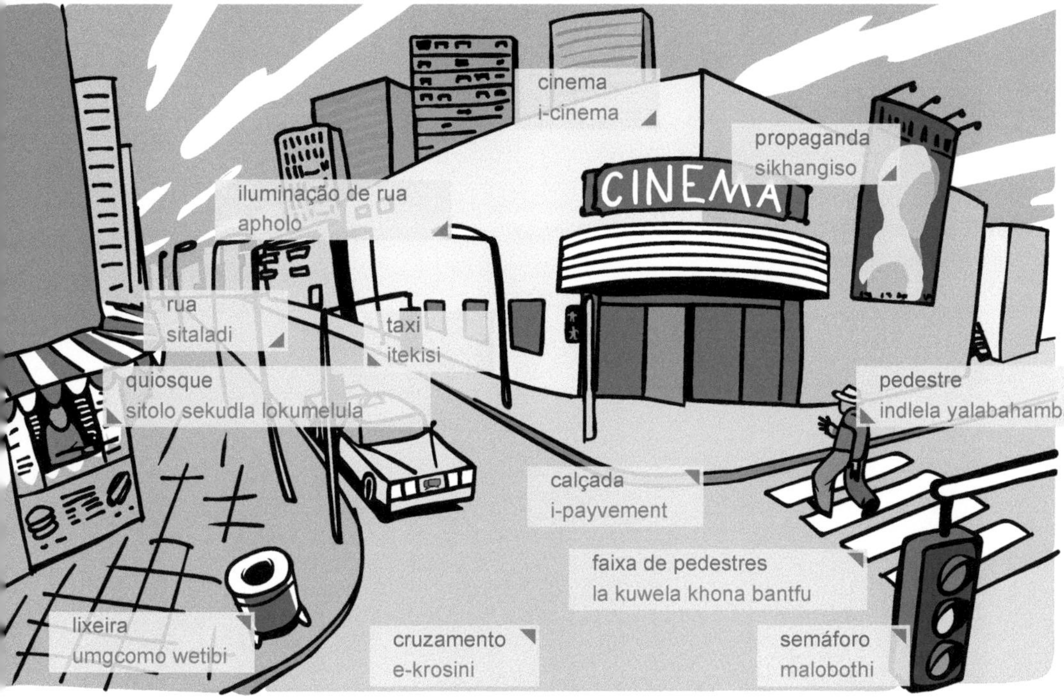

cinema
i-cinema

propaganda
sikhangiso

iluminação de rua
apholo

rua
sitaladi

taxi
itekisi

quiosque
sitolo sekudla lokumelula

pedestre
indlela yalabahamba

calçada
i-payvement

faixa de pedestres
la kuwela khona bantfu

lixeira
umgcomo wetibi

cruzamento
e-krosini

semáforo
malobothi

cabana
gucasthandaze

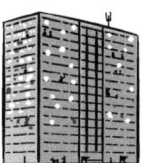

apartamento
lifulethi

estação de trem
siteshi sesitimela

prefeitura
lihholwa lasedolobheni

museu
imnyusiyamu

escola
sikolwa

cidade - lidolobha lelikhulu

universidade

inyuvesi

banco

libhange

hospital

sibhedlela

hotel

lihhotela

farmácia

ikhemisi

escritório

lihhovisi

livraria

sitolo setincwadzi

loja

sitolo

floricultura

lotsengisa timbali

supermercado

isuphamakethe

mercado

imakethe

loja de departamentos

litiko letitolo

peixaria

batsengisi betimfishi

centro comercial

luchungechuge lwetitolo

porto

sikhungo

12   cidade - lidolobha lelikhulu

parque
lipaki

banco
libhentji

ponte
libhuloho

escadas
titezi

metrô
ngephansi kwemhlaba

túnel
umhume

ponto de ônibus
siteshi sebhasi

bar
sitolo setjwala

restaurante
sitolo sekudla

caixa de correspondência
libhokisi leliposi

placa de rua
luphawu lwemgwaco

parquímetro
umshini lobala sikhatsi sekupaka

zoológico
i-zoo

piscina
i-swimming pool

mesquita
lisontfo lemasulumane

cidade - lidolobha lelikhulu

fazenda
lipulazi

poluição
kugcolisa umoya

cemitério
emathuna

igreja
lisontfo

parquinho
inkhundla yetemidlalo

templo
lithempeli

paisagem
libala

- folha — licembe
- placa de sinalização — luphawu lwemgwaco
- caminho — indlela
- gramado — umshiya
- pedra — litje
- árvore — sihlahla
- caminhantes — lohamba indlela lendze ngetinyawo
- rio — umfula
- grama — tjani
- flor — imbali

paisagem - libala

vale
sihosha

montanha
ligcuma

lago
lidanyana

floresta
lihlatsi

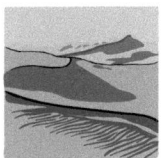

deserto
lihlane

vulcão
intsabamlilo

castelo
umhlambi wetinkhomo

arco-íris
umushi wenkhosatane

cogumelo
likhowa

palmeira
sihlahla semphayini

mosquito
imbuzulwane

mosca
kundiza

formiga
intfutfwane

abelha
inyosi

aranha
sayobi

paisagem - libala

besouro
inkhubabulongo

sapo
sicoco

esquilo
chakijane

ouriço
ingungumbane

lebre
lolunye luhlobo lwalogwaja

coruja
sikhova

pássaro
inyoni

cisne
i-swan

javali
ingulube yesiganga

veado
inyamatane

alce
i-moose

barragem
lidamu

aerogerador
i-wind turbine

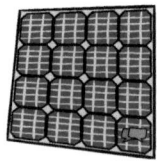
painel solar
i-solar panel

clima
simo selitulu

restaurante
sitolo sekudla

- garçom / waiter
- menu / luhla lwekudla
- cadeira / situlo
- sopa / lisobho
- pizza / i-pizza
- talheres / tipuni imimese netimfologo
- toalha de mesa / indvwangu yelitafula

entrada
kudla lokusicalo

prato principal
kudla locinile

sobremesa
idizethi

bebidas
tinatfo

comida
kudla

garrafa
libhodlela

restaurante - sitolo sekudla

fastfood
kudla lokusheshako

comida de rua
kudla kwasemngwacweni

bule de chá
ligedlela lelitiye

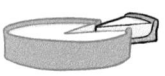

açucareiro
indishi yashukela

porção
incenye

máquina de expresso
umshini we-espresso

cadeirão
situlo lesiphakeme

conta
ibhili

bandeja
li-tray

faca
umukhwa

garfo
imfologo

colher
sipuni

colher de chá
sipuni lesincane

guardanapo
ithishu yetandla

copo
ligilasi

restaurante - sitolo sekudla

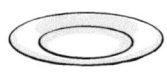
prato
lipuleti

prato de sopa
lipuleti lelisobho

pires
lipringi

molho
i-sauce

saleiro
libhodvo lasawoti

moedor de pimenta
i-pepper mill

vinagre
niniga

óleo
emafutsa awoyela

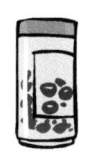 
especiarias
tipayisi

ketchup
i-ketchup

mostarda
i-mustard

maionese
mayonasi

restaurante - sitolo sekudla

supermercado
isuphamakethe

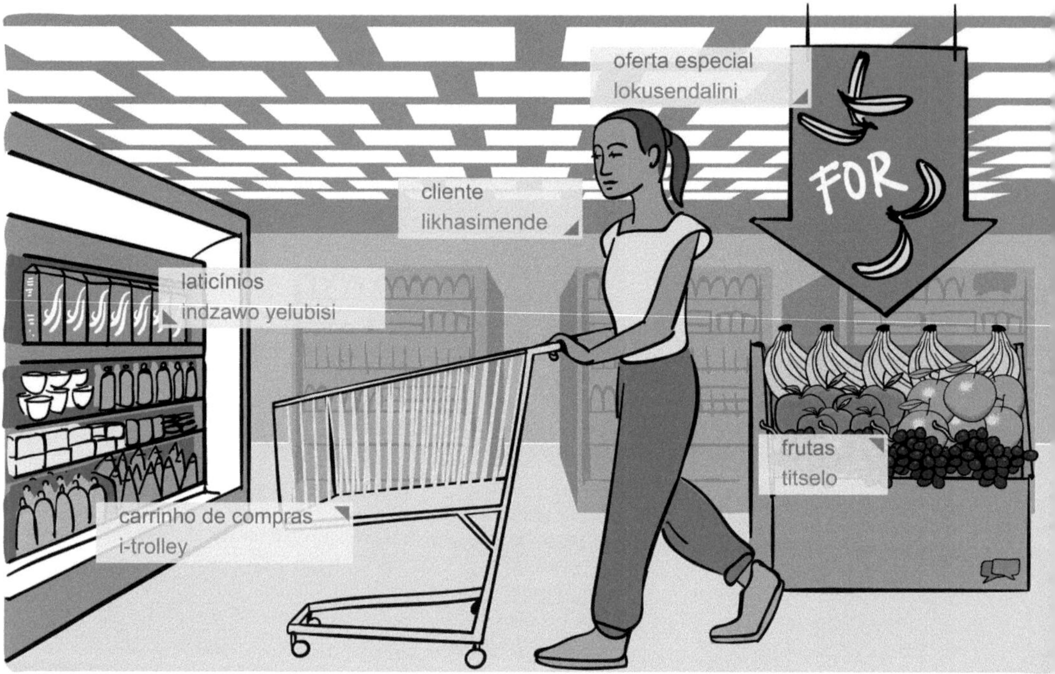

oferta especial
lokusendalini
FOR
cliente
likhasimende
laticínios
indzawo yelubisi
frutas
titselo
carrinho de compras
i-trolley

BUTCHERS

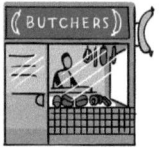

açougue

ibhushari

BAKERY

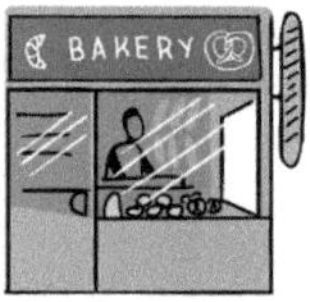

padaria

i-baker

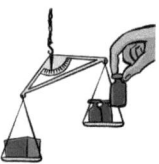

pesar

kala

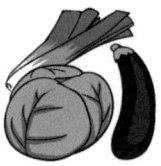

legumes

tibhidvo

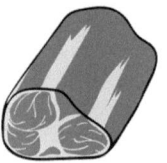

carne

inyama

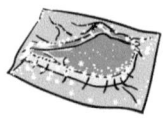

congelados

kudla lokucandzisiwe

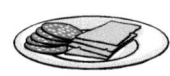
charcutaria
inyama lebandzako

conservas
kudla likusemathinini

detergente em pó
insipho yekuwasha

doces
emaswidi

artigos domésticos
tintfo tasekhaya

produtos de limpeza
imitsi yekukolobha

vendedora
umuntfu lotsengisako

caixa
endzaweni yekubhadala

caixa
umtsengisi

lista de compras
hla lwetintfo tekutsengwa

horário de funcionamento
ema-awa ekuvula

carteira
sipatji

cartão de crédito
likhadi lemali

sacola
sikhwama

saco plástico
sikhwama seshekhasi

supermercado - isuphamakethe

bebidas
tinatfo

água
emanti

suco
ijuzi

leite
lubisi

coca-cola
ikhokhi

vinho
liwani

cerveja
ibhiya

álcool
tjwala

cacau
ikhokho

chá
litiye

café
likhofi

expresso
i-espresso

cappuccino
i-cappuccino

comida
kudla

banana
bhanana

maçã
lihhabhula

laranja
liwolintji

melão
melon

limão
ilemoni

cenoura
emavondlela

alho
galiki

bambu
i-bamboo

cebola
anyanisi

cogumelo
emakhowa

nozes
emantongomane

macarrão
ema-noodles

espaguete
sipageti

arroz
lilayisi

salada
isaladi

batatas fritas
emashibusi

batatas frias
emazambane lafrayiwe

pizza
i-pizza

hambúrger
i-burger

sanduíche
isengwishi

escalope
inyama lefulawe netimvitsi tesinkhwa

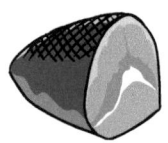

presunto
i-ham

salame
isalami

salsicha
livosi

galinha
inyama yenkhukhu

assado
lokufrayiwe

peixe
imfishi

flocos de aveia
i-oats

granola
imusili

flocos de milho
ema-cornflakes

farinha
fulawa

croissant
ema-croissant

pãozinho
sinkhwa

pão
sinkhwa

torrada
linkhwa lesithosiwe

biscoitos
emabhisikidi

manteiga
bhotela

requeijão
i-curd

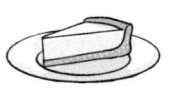
bolo
likhekhe

ovo
emacandza

ovo frito
emacandza lafulayiwe

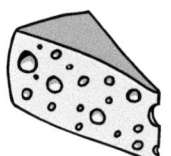
queijo
ishizi

comida - kudla

sorvete
i-ice cream

açúcar
shukela

mel
luju

geleia
jamu

creme de avelãs
shokolethi

curry
ikheri

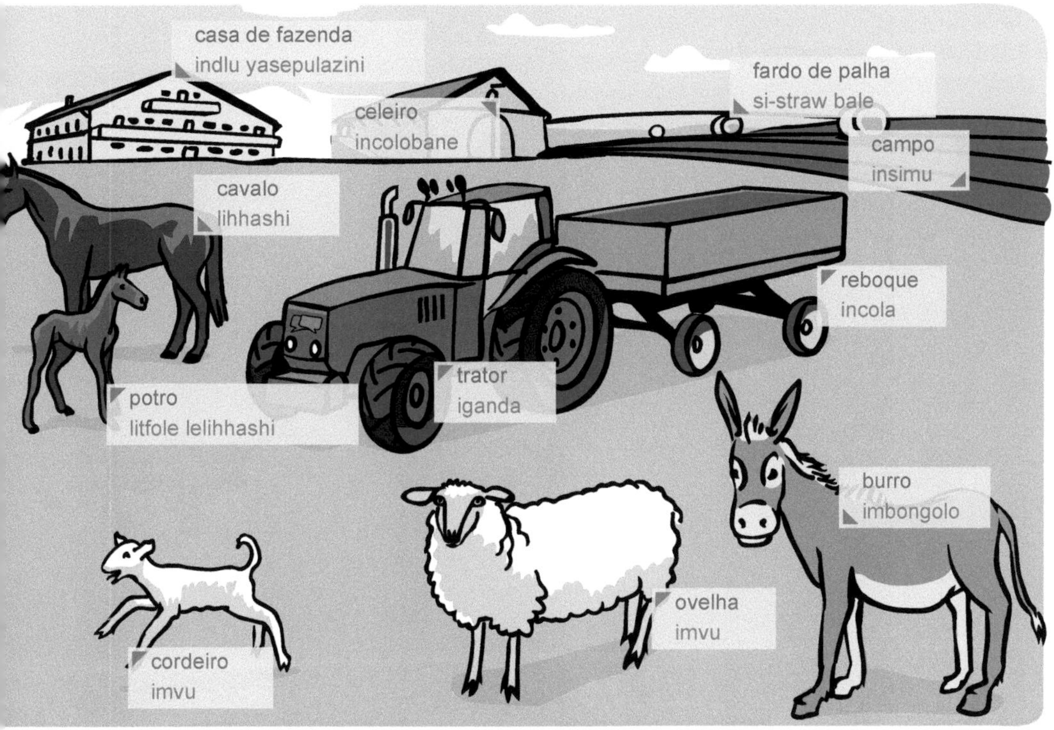

fazenda
lipulazi

casa de fazenda
indlu yasepulazini

celeiro
incolobane

fardo de palha
si-straw bale

campo
insimu

cavalo
lihhashi

reboque
incola

potro
litfole lelihhashi

trator
iganda

burro
imbongolo

ovelha
imvu

cordeiro
imvu

cabra
imbuti

vaca
inkhomo

bezerro
litfole

porco
ingulube

leitão
ingulutjana

touro
inkhunzi

ganso
lihansi

pato
lidada

pintinho
lintjwele

galinha
sikhukhukati

galo
lichudze

ratazana
ligundvwane

gato
likati

camundongo
ligundvwane lelincane

boi
inkhunzi

cachorro
inja

casinha do cachorro
indlu yenja

mangueira de jardim
liphayiphi lemanti asengadzini

regador
libhakede lemanti

foice
i-scythe

arado
likhuba leganda

fazenda - lipulazi

foice
lisikela

enxada
likhuba

forquilha
imfologo yetjani

machado
lizembe

carrinho de mão
libhala

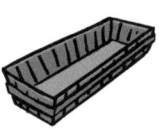
manjedoura
litrofula

jarra de leite
iromkani

saco
lisaka

cerca
ifenisi

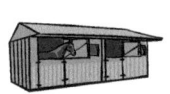
estábulo
sitebele

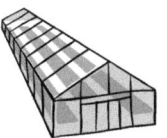
estufa
indlu leluhlata

solo
umhlabatsi

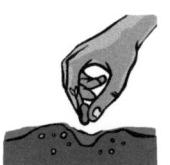
semente
imbewu

fertilizante
sivundzisi

colheitadeira
bavuni

fazenda - lipulazi

colher
vuna

colheita
sivuno

inhame
i-yams

trigo
likhula

soja
isoyi

batata
lizambane

milho
sibhuluja sembila

colza
i-rapeseed

árvore frutífera
sihlahla setitselo

mandioca
bhatata

cereais
ema-cereals

fazenda - lipulazi

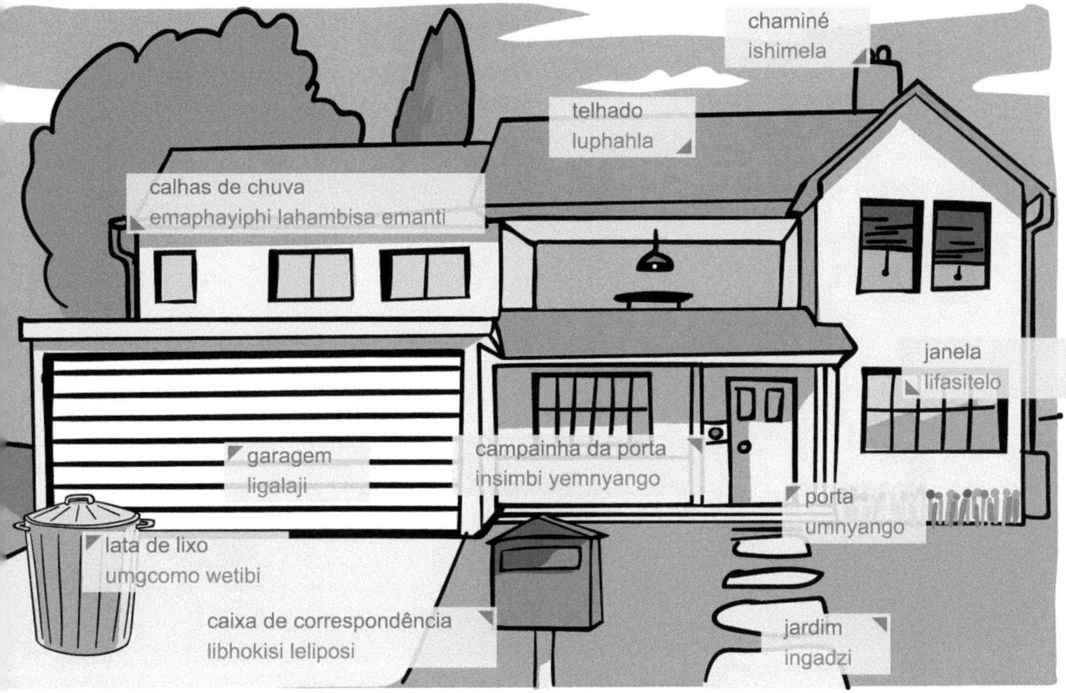

casa
indlu

- chaminé / ishimela
- telhado / luphahla
- calhas de chuva / emaphayiphi lahambisa emanti
- janela / lifasitelo
- garagem / ligalaji
- campainha da porta / insimbi yemnyango
- porta / umnyango
- lata de lixo / umgcomo wetibi
- caixa de correspondência / libhokisi leliposi
- jardim / ingadzi

sala de estar

indzawo yamabonakudze

banheiro

likamelo lekugezela

cozinha

likhishi

quarto de dormir

likamelo

quarto de criança

likamelo lemntfwana

sala de jantar

ligumbu lekudlela

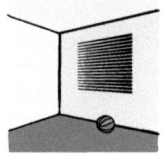

chão
siyilo

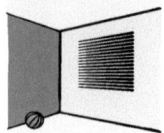

parede
lubondza

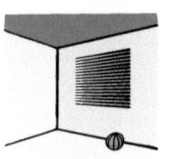

teto
isilingi

porão
i-cellar

sauna
i-sauna

varanda
umpheme

terraço
libala

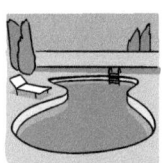

piscina
lidamu lekududa

cortador de grama
umshini wetjani

lençol
lishidi

coberta
ibhedspredi

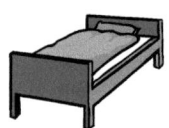

cama
umbhedze

vassoura
umshanelo

balde
libhakede

interruptor
iswishi

casa - indlu

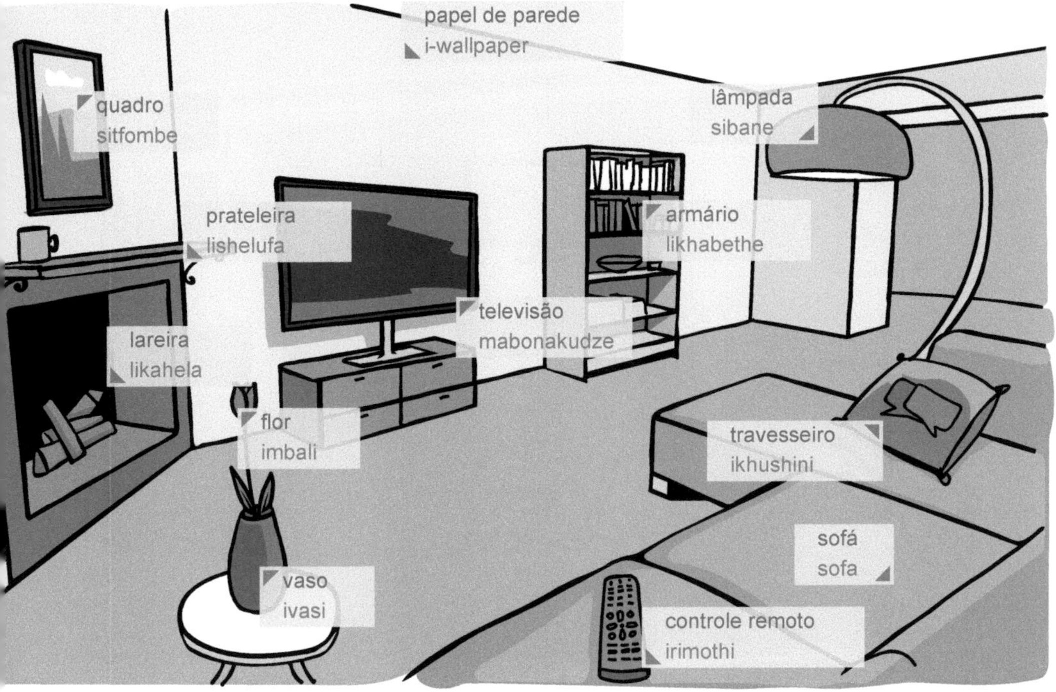

sala de estar
indzawo yamabonakudze

- papel de parede / i-wallpaper
- quadro / sitfombe
- lâmpada / sibane
- prateleira / lishelufa
- armário / likhabethe
- lareira / likahela
- televisão / mabonakudze
- flor / imbali
- travesseiro / ikhushini
- sofá / sofa
- vaso / ivasi
- controle remoto / irimothi

tapete
imadi yendlu

cortina
likhetheni

mesa
litafula

cadeira
situlo

cadeira de balanço
situlo sangephandle

poltrona
situlosemikhono

sala de estar - indzawo yamabonakudze

livro incwadzi	cobertor ingubo	decoração umhlobiso

lenha tinkhuni tekubasa	filme lifilimu	equipamento de som igumbagumba

chave tikhiya	jornal liphephandzaba	pintura pende

pôster likhadi laselubondzeni	rádio iwayilensi	bloco de notas kwekutsa emaphuzu

aspirador i-hoover	cacto sitjalo lokutsiwa yi-cactus	vela likhandlela

sala de estar - indzawo yamabonakudze

cozinha
likhishi

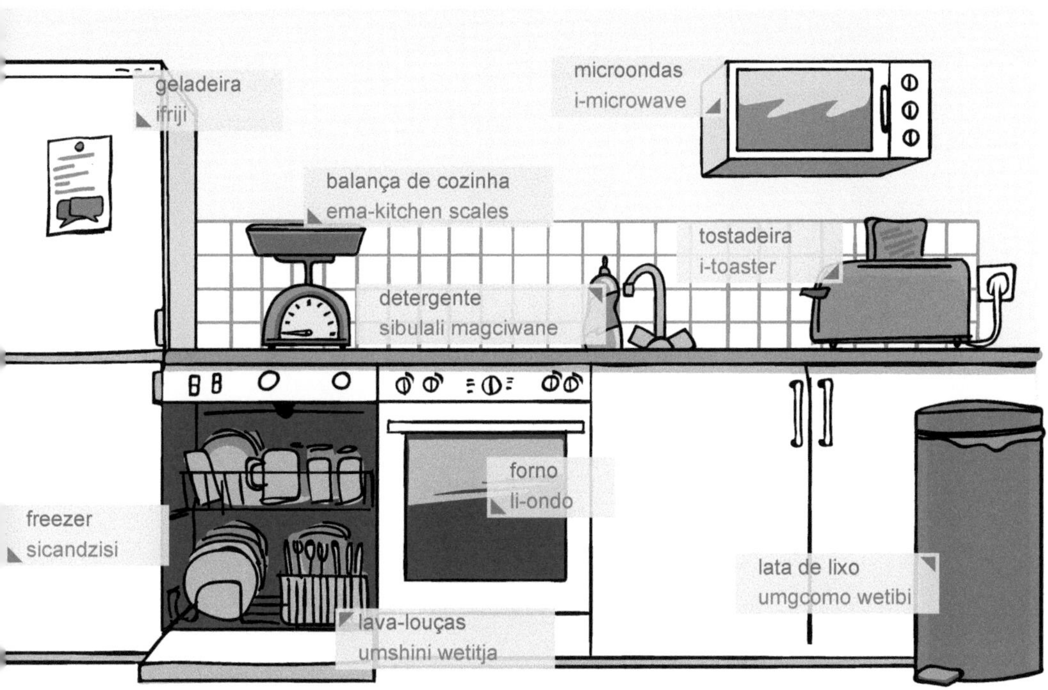

- geladeira / ifriji
- microondas / i-microwave
- balança de cozinha / ema-kitchen scales
- tostadeira / i-toaster
- detergente / sibulali magciwane
- forno / li-ondo
- freezer / sicandzisi
- lata de lixo / umgcomo wetibi
- lava-louças / umshini wetitja

fogão
umpheki

panela
libhodvo

panela de ferro
i-cast-iron pot

wok / kadai
i-wok /kadai

frigideira
lipani

chaleira
ligedlela

panela a vapor
i-steamer

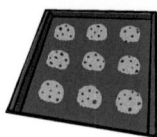
tabuleiro de forno
lipani lekubhaka

louça
i-crockery

caneca
imagi

caçarola
indishi

hashi
tindvukwana tekujuba

concha de sopa
i-landle

espátula
si-spatula

batedor
i-whisk

escorredor
i-strainer

peneira
i-sieve

ralador
i-grater

almofariz
i-mortar

churrasqueira
i-barbecue

lareira
umlilo lovulekile

cozinha - likhishi

tábua de cortar

libhodi lekujuba kudla

rolo da massa

i-rolling pin

saca-rolhas

i-corkscrew

lata

likani

abridor de latas

lithulusi lekuvala likani

pegador de panela

intfo yekubeka emabhodvo

pia

izinki

escova

libhulashi

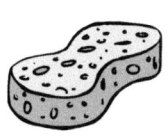

esponja

sipontji

liquidificador

i-blender

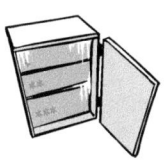

congelador

i-deep freezer

mamadeira

libhodlela lemntfwana

torneira

impompi

banheiro
likamelo lekugezela

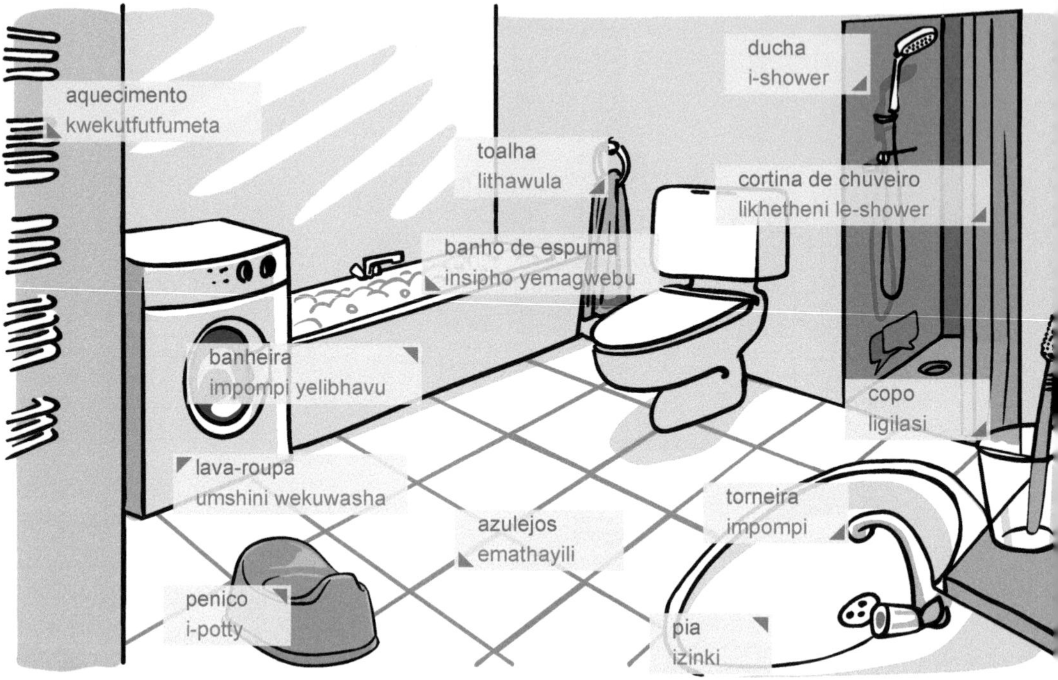

- aquecimento / kwekutfutfumeta
- ducha / i-shower
- toalha / lithawula
- cortina de chuveiro / likhetheni le-shower
- banho de espuma / insipho yemagwebu
- banheira / impompi yelibhavu
- copo / ligilasi
- lava-roupa / umshini wekuwasha
- azulejos / emathayili
- torneira / impompi
- penico / i-potty
- pia / izinki

vaso sanitário

umthoyi

lavabo de agachar

libhodvo lemthoyi

bidê

i-bidet

mictório

umnchamo

papel higiênico

ithishu

escova de privada

libhulashi lemthoyi

escova de dentes

libhulashi lematinyo

pasta de dentes

insipho yematinyo

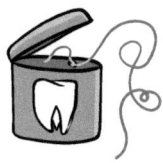

fio dental

intsambo yekuhlanta ematinyo

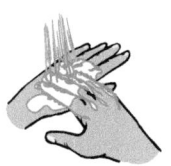

lavar

washa

ducha de mão

liphayiphu le-shower lelibanjwa ngetandla

ducha íntima

i-douche

bacia

i-basin

escova para as costas

libhulashi lemgogodla

sabonete

insipho lecinile

gel de banho

i-gel ye-shower

xampu

insipho yemagwebu

toalha de rosto

i-flannel

escoamento

kwekuhambisa emanti

creme

i-cream

desodorante

emakha emakhwapha

banheiro - likamelo lekugezela

espelho
sibuko

espelho de mão
sibuko lesincane

barbeador
i-razor

espuma de barbear
emagwebu ekushefa

loção pós-barba
kwegcobisa ngemuva kwekushefa

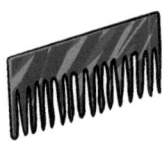
pente
i-comb

escova
libhulashi

secador de cabelo
kwekomisa tinwele

spray de cabelo
kwekufutsa tinwele

maquiagem
kwekutimomonya

batom
i-lipstick

esmalte de unhas
pende wetingalo

algodão
i-cotton wool

tesoura para unhas
sikelo setingalo

perfume
emakha

nécessaire
khwama setintfo tekugeza

banquinho
situlo

balança
sikali sesisindvo

roupão de banho
kwekugcoka nawugeza

luvas de borracha
emagilavu e-rubber

absorvente interno
i-tampon

absorvente íntimo
lithawula lekuhlanta

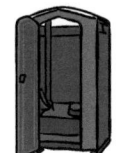
banheiro químico
imitsi yekukolobha umthoyi

quarto de criança
likamelo lemntfwana

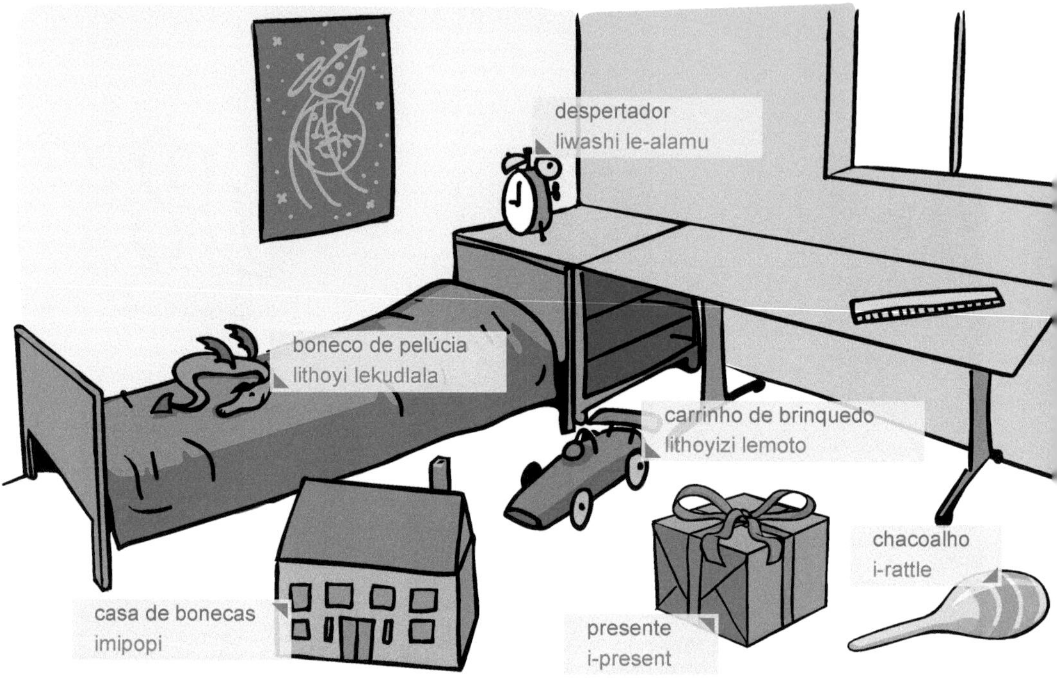

despertador
liwashi le-alamu

boneco de pelúcia
lithoyi lekudlala

carrinho de brinquedo
lithoyizi lemoto

chacoalho
i-rattle

casa de bonecas
imipopi

presente
i-present

balão
ibhaluni

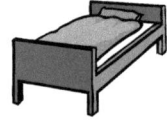

cama
umbhedze

carrinho de bebê
ipram

jogo de cartas
emakhadi ekudlala

quebra-cabeças
i-jigsaw

revista de quadrinhos
i-comic

peças de Lego
emabloko e-lego

blocos de construção
emabloko ekwakha

figura de ação
i-actionfigure

macaquinho de bebê
kukhula kwemntfwana

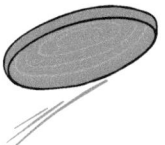
frisbee
i-frisbee

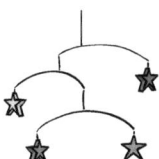
móbile para bebê
i-mobile

jogo de tabuleiro
ibhodi yemdlalo

dados
lidayisi

trenzinho elétrico
isethi yemathoyizi etitimela

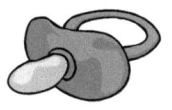
chupeta
i-dummy

festa
i-party

livro ilustrado
incwadzi yetitfombe

bola
ibhola

boneca
nodoli

brincar
dlala

quarto de criança - likamelo lemntfwana

caixa de areia
umgodzi wemhlabatsi

balanço
umjikeli

brinquedos
emathoyizi

videogame
umshini wemdlalo wema-video

triciclo
masondvontsatfu

ursinho de pelúcia
umdoli welibhele

guarda-roupa
ihhodrobhu

vestuário
timphahla tekugcoka

meias
emakawosi

meias pelo joelho
ema-stockings

meias-calças
umtjopi

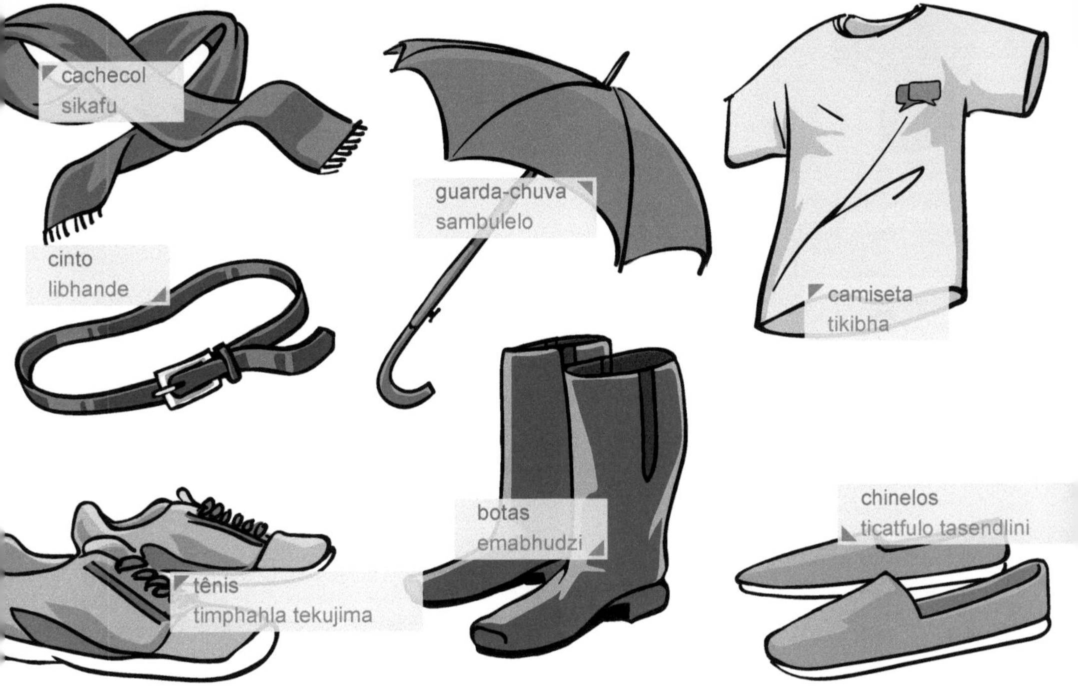

cachecol
sikafu

guarda-chuva
sambulelo

cinto
libhande

camiseta
tikibha

botas
emabhudzi

chinelos
ticatfulo tasendlini

tênis
timphahla tekujima

sandálias
tincabule

sapatos
ticatfulo

botas de borracha
emabhudzi emvula

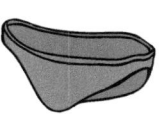

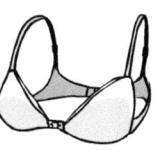

roupa de baixo
emabhuluko angephansi

sutiã
ibhodi

camiseta de baixo
i-vest

vestuário - timphahla tekugcoka

body
umtimba

calças
emabhuluko

jeans
ibhokathi

saia
sikedi

blusa
liblawosi

camisa
liyembe

pulôver
i-pullover

suéter com capuz
i-hoodie

blazer
libhantji

jaqueta
silamba

casaco
lijazi

gabardine
lijazi lemvula

traje
i-costume

vestido
lilogo

vestido de casamento
likogo lemshado

terno
isudi

camisola
i-gown yasebusuku

pijama
emabhijamu

sari
i-sari

lenço de cabeça
sikafu

turbante
i-turban

burca
i-burqa

cafetã
i-kaftan

abaya
i-abaya

maiô
timphahla tekududa

sunga
ema-anda

shorts
emabhuluko lamafishane

roupa de treino
i-treksudi

avental
liphinifa

luvas
emaglavu

vestuário - timphahla tekugcoka

botão
inkinobho

óculos
tibuko

pulseira
buhlalu

colar
umgaco

anel
indandatho

brinco
emacici

boné
likepisi

cabide
i-hanger yelijazi

chapéu
sigcoko

gravata
thayi

zíper
iziphu

capacete
sivikelo senhloko

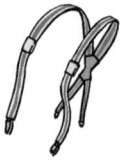

suspensórios
kwekusekela sitfo semtimba

uniforme escolar
timphahla tesikolwa

uniforme
inyunifomu

vestuário - timphahla tekugcoka

babador
i-bib

chupeta
i-dummy

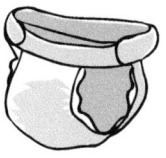
fralda
linabukeli

escritório
lihhovisi

- servidor — i-server
- armário de arquivos — likhabethe lemafayela
- papel — liphepha
- impressora — i-printer
- monitor — i-monitor
- escrivaninha — lideski
- mouse — i-mouse
- pasta — intfo yekugoca
- teclado — i-keyboard
- cesto de lixo — sihakede lekulahla emaphepha
- computador — ngconomshina
- cadeira — situlo

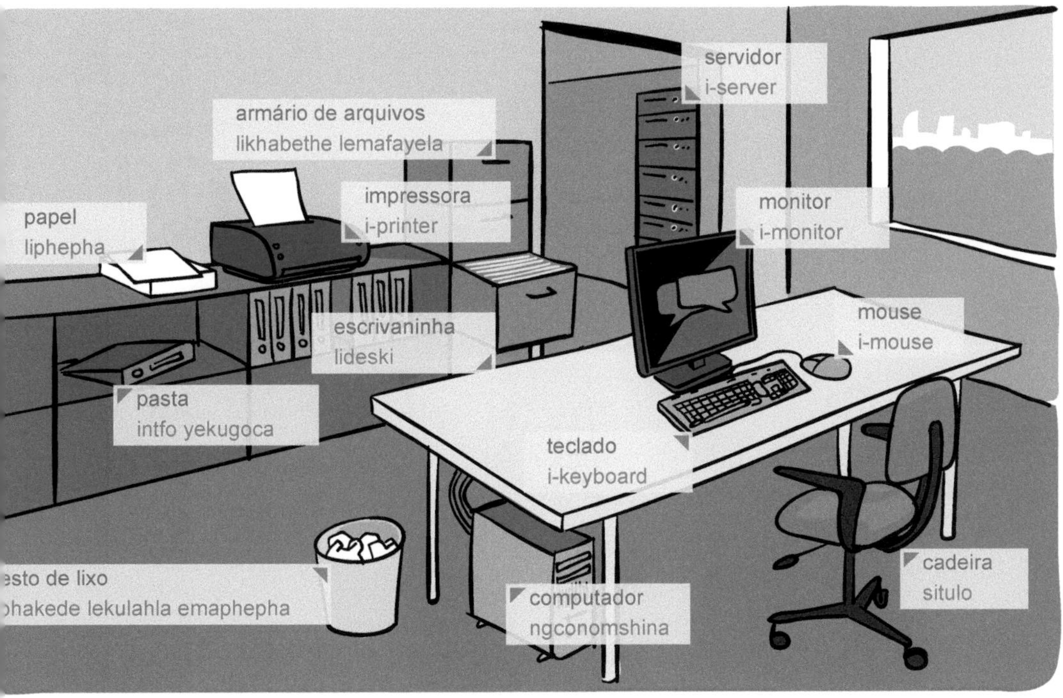

xícara de café
likomishi lelikofi

calculadora
i-calculator

internet
i-inthanethi

escritório - lihhovisi

laptop
i-laptop

carta
incwadzi

mensagem
umlayeto

celular
i-mobile

rede
i-network

copiadora
umshini wekwenta emakhophi

software
i-software

telefone
lucingo

tomada
liplaliki lagesi

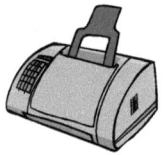

fax
umshini wekufeksa

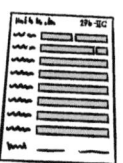

formulário
lifomu

documento
liphepha

escritório - lihhovisi

economia
umnotfo

comprar
tsenga

pagar
bhadala

negociar
beka imali

dinheiro
imali

Dólar
li-dollar

Euro
li-euro

Yen
li-yen

rublo
li-rouble

franco suíço
i-Swiss franc

renminbi yuan
i-renminbi yuan

rupia
i-rupee

caixa eletrônico
umshini wemali

casa de câmbio
i-bureau de change

ouro
ligolide

prata
lisiliva

petróleo
woyela

energia
emandla

preço
linani

contrato
sivumelwano

imposto
umtselo

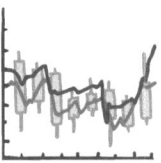
ação
sitoko

trabalhar
sebenta

empregado
sisebenti

empregador
umcashi

fábrica
ifemu

loja
sitolo

profissões
tikhundla

- policial — liphoyisa
- bombeiro — umcimimlilo
- cozinheiro — umpheki
- médico — dokotela
- piloto — umshayeli wetindiza

jardineiro
losebenta engadzini

marceneiro
ummbati

costureira
umtfungi

juiz
mehluleli

químico
khemisi

ator
umlingisi

motorista de ônibus
umshayeli webhasi

motorista de táxi
umshayeli wekhumbi

pescador
umdvobi

faxineira
limedi

telhador
umfuleli

garçom
waiter

caçador
umtingeli

pintor
mapendani

padeiro
umbhaki

eletricista
gesana

construtor
meselane

engenheiro
sonjiniyela

açougueiro
umtsengisi wenyama

encanador
somaphayiphi

carteiro
lohambisa liposi

profissões - tikhundla

soldado
lisotja

arquiteto
umdvwebi wemapulani

caixa
umtsengisi

florista
umtsengisi wetimbali

cabelereiro
losebenta ngetinwele

condutor
umbhidisi

mecânico
mekhenikha

capitão
kaputeni

dentista
dokotela wematinyo

cientista
sosayensi

rabino
rabi

imam
imam

monge
monk

pastor
umfundisi

ferramentas
emathulusi

martelo / lihhamela

alicate / lidlawu

chave de fenda / skurudrava

chave inglesa / spanela

lanterna / lithoshi

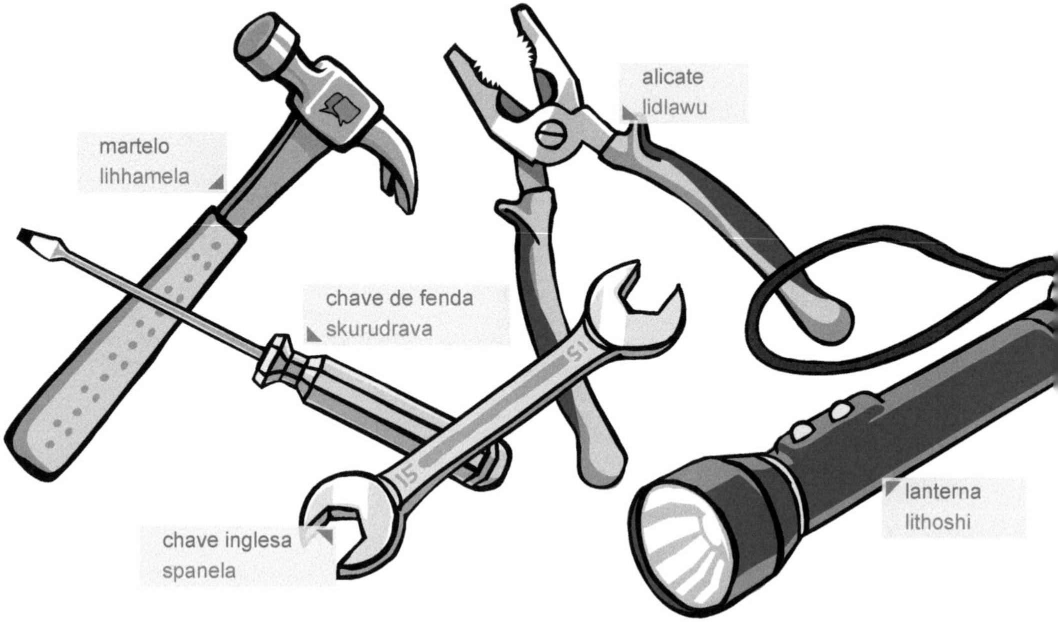

escavadora
lifosholo

caixa de ferramentas
libhokisi lemathulusi

escada de mão
lilele

serra
lisaha

pregos
tipikili

furadeira
umshini wekwenta timbobo

ferramentas - emathulusi

consertar
lungisa

pá
lifosholo

Droga!
i-Damni!

pá de lixo
lipani lekuwola tibi

pote de tinta
likani lapende

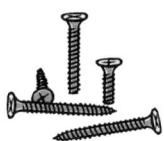

parafusos
tikruzi

instrumentos musicais
insimbi yemculo

bateria
ikhithi yemadramu

alto-falante
sipika lesikhulu

contrabaixo
lugitali lolukhulu

trompete
i-trumpet

guitarra
lugitali

instrumentos musicais - insimbi yemculo

piano
i-piano

violino
ivayolini

baixo
ibhesi

timbales
i-timpani

tambor
emadramu

teclado
i-keyboard

saxofone
i-saxohone

flauta
ifluthi

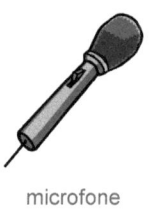
microfone
umbhobho

instrumentos musicais - insimbi yemculo

zoológico
i-zoo

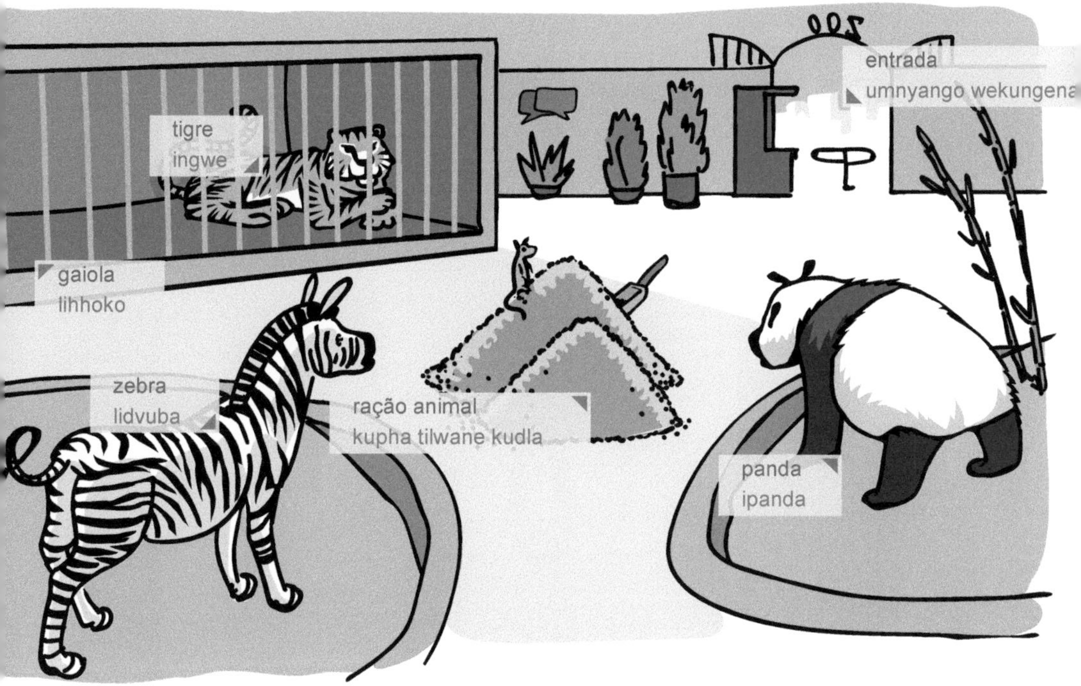

- tigre / ingwe
- gaiola / lihhoko
- zebra / lidvuba
- ração animal / kupha tilwane kudla
- entrada / umnyango wekungena
- panda / ipanda

animais
tilwane

elefante
indlovu

canguru
ikangaru

rinoceronte
bhejane

gorila
igorila

urso
libhele

camelo
likamela

avestruz
i-ostrishi

leão
libhubesi

macaco
imfene

flamingo
i-flamingo

papagaio
iparoti

urso polar
libhele

pinguim
iphejini

tubarão
shaka

pavão
iphigogo

cobra
inyoka

crocodilo
ingwenya

guarda do zoológico
umgcini tilwane

foca
isili

jaguar
i-jaguar

pônei
poni

leopardo
ingwe

hipopótamo
imvubu

girafa
indlulamitsi

águia
lusweti

javali
ingulube yesiganga

peixe
imfishi

tartaruga
lifundvu

morsa
i-warasi

raposa
jakalazi

gazela
inyamatane

zoológico - i-zoo

atividades
imisebenti

pular / gcuma

rir / hleka

abraçar / gona

cantar / hlabela

andar / hamba

rezar / thantaza

beijar / cabuza

sonhar / liphupho

escrever
bhala

desenhar
tsatsa

mostrar
khombisa

empurrar
fuca

dar
nika

tomar
tsatsa

ter
tsatsa

fazer
yenta

ser
be

ficar de pé
sukuma

correr
gijima

puxar
dvonsa

jogar
jika

cair
wani

deitar
cala emanga

esperar
mani

carregar
tsatsa

sentar
hlala

vestir
yembatsa

dormir
lala

despertar
vuka

atividades - imisebenti

olhar para
buka

chorar
khala

acariciar
shaya

pentear
kama

falar
khuluma

entender
condza

perguntar
buta

ouvir
lalela

beber
natsa

comer
dlani

arrumar
gcogca

amar
tsandza

cozinhar
pheka

dirigir
shayela

voar
ndiza

atividades - imisebenti

velejar
ntjuza

calcular
bala

ler
fundza

aprender
fundza

trabalhar
sebenta

casar
shada

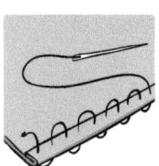
costurar
tfunga

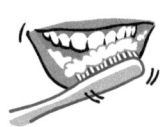
escovar os dentes
kugeza ematinyo

matar
bulala

fumar
bhema

enviar
tfumela

família
umndeni

- avó / gogo
- avô / mkhulu
- pai / babe
- mãe / make
- bebê / umntfwana
- filha / indvodzakati
- filho / indvodzana

convidado
sivakashi

tia
anti

tio
malume

irmão
umnaketfu

irmã
sisi

corpo
umtimba

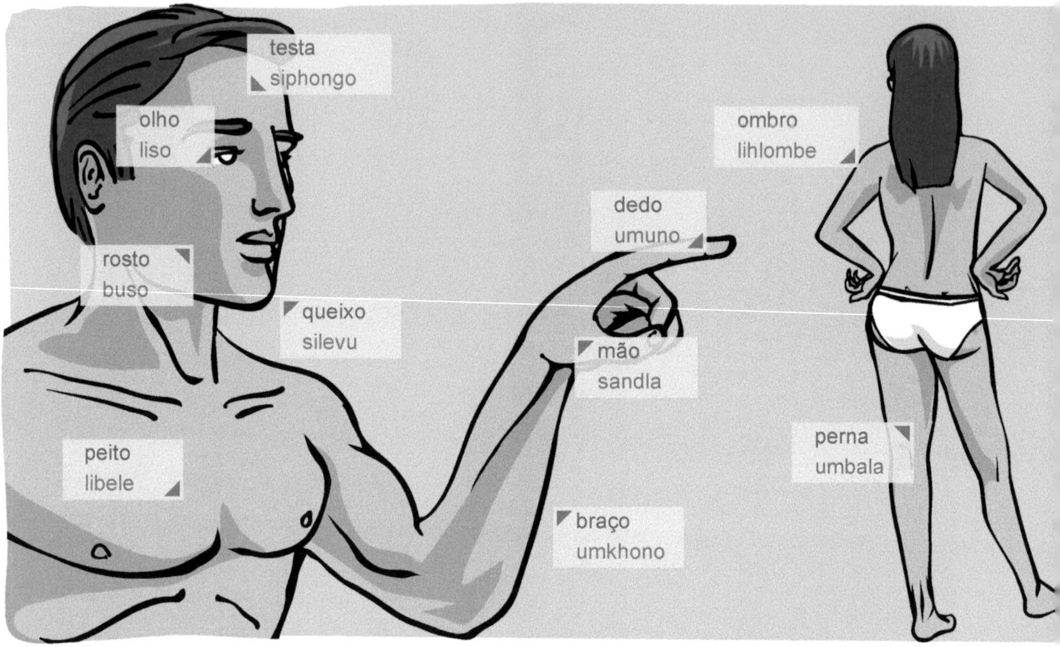

testa — siphongo
olho — liso
ombro — lihlombe
dedo — umuno
rosto — buso
queixo — silevu
mão — sandla
peito — libele
perna — umbala
braço — umkhono

bebê
umntfwana

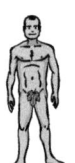

homem
indvodza

mulher
umfati

menina
intfombatane

menino
umfana

cabeça
inhloko

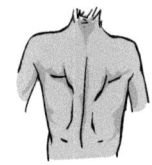

costas
emuva

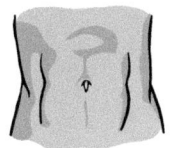

barriga
umkhatjana

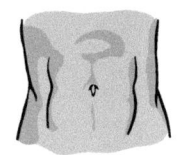

umbigo
sibhono

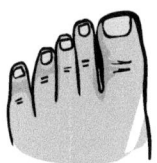

dedo do pé
luzwane

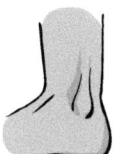

calcanhar
sitsendze

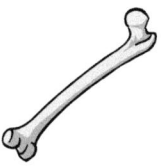

osso
litsambo

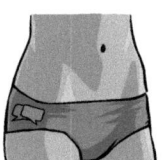

anca
litsanga

joelho
lidvolo

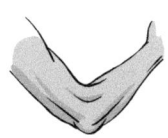

cotovelo
ingcosa

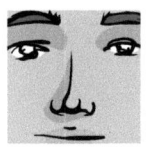

nariz
imphumulo

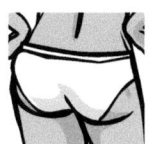

nádegas
entansi

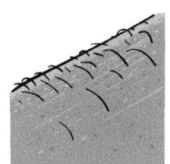

pele
sikhumba

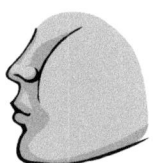

bochecha
sihlatsi

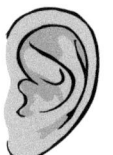

orelha
indlebe

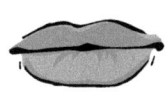

lábio
indzebe

corpo - umtimba 69

	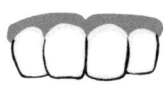	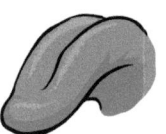
boca umlomo	dente litinyo	língua lilimi
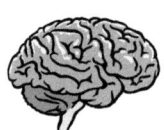	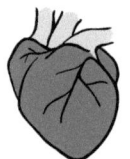	
cérebro bucopho	coração inhlitiyo	músculo umsipha
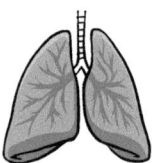		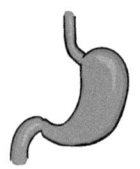
pulmão liphaphu	fígado sibindzi	estômago sisu
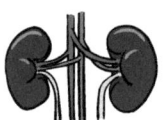		
rins tinso	relações sexuais kulalana	preservativo lijazi lemkhwenyana
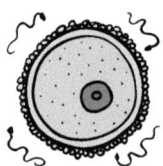		
óvulo licandza lentalo	esperma sidvodza	gravidez kukhulelwa

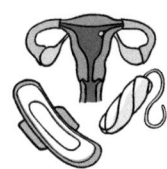

menstruação

kuya esikhatsini

vagina

ligolo

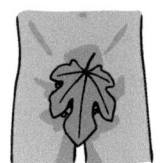

pênis

umpipi

sobrancelha

inkhophe

cabelo

lunwele

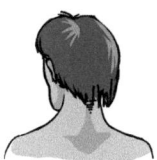

pescoço

intsamo

hospital
sibhedlela

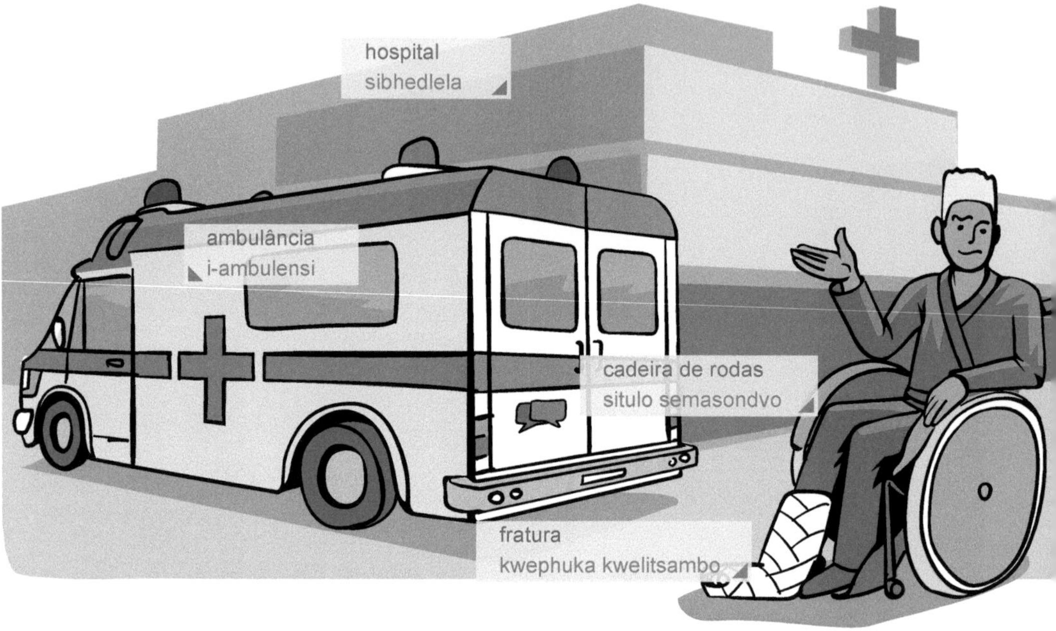

hospital
sibhedlela

ambulância
i-ambulensi

cadeira de rodas
situlo semasondvo

fratura
kwephuka kwelitsambo

médico
dokotela

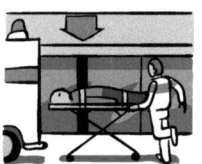

pronto-socorro
ligumbi letimo letiphutfumako

enfermeira
nesi

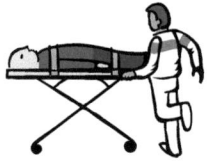

emergência
simo lesiphutfumako

inconsciente
kucaleka

dor
buhlungu

ferimento
kulimala

hemorragia
kopha

ataque cardíaco
kuhlaselwa sifo senhlitiyo

acidente vacular cerebral
kufa luhlangotsi

alergia
i-aleji

tosse
kukhwehlela

febre
kushisa

gripe
umkhuhlane

diarreia
kusheka

dor de cabeça
kubulawa yinhloko

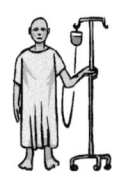

câncer
umdlavuza

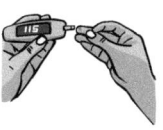

diabetes
kuba nashukela

cirurgião
dokotela

bisturi
umukhwa wekusika wabodokotela

operação
kusikwa

hospital - sibhedlela

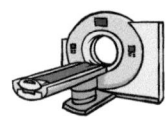

CT

i-CT

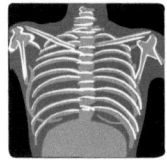

raio x

i-x ray

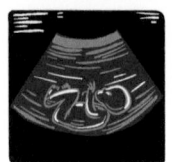

ultrassom

umsindvo

máscara

sifonyo

doença

sifo

sala de espera

ligumbi lekulindza

muleta

indvuku yekuhamba

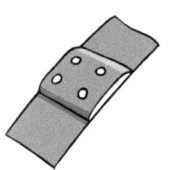

bandeide

i-plaster

ligadura

ibhandishi

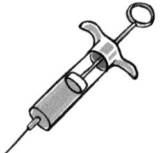

injeção

umjovo

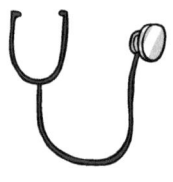

estetoscópio

lithulusi labodokotela lekulalela inhlitiyo

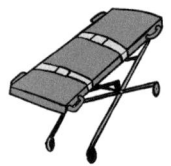

maca

luhlaka

termômetro

kwekuhlola lizinga lemuntfu lekushisa

nascimento

kutalwa

excesso de peso

kunona kakhulu

hospital - sibhedlela

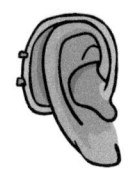

aparelho auditivo

insita tekuva etindlebeni

desinfetante

sibulali magciwane

infecção

kwesuleleka ngesifo

vírus

ligciwane

HIV / AIDS

i-HIV / AIDS

medicamento

umutsi

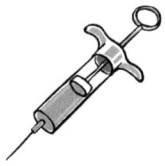

vacinação

kugoma

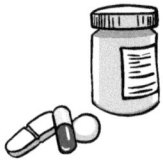

comprimidos

emaphilisi

pílula

liphilisi

chamada de emergência

lucingo loluphutfumako

dispositivo de medição de pressão arterial

sicaphi semfutfo wengati

doente / saudável

gula / umcemane

hospital - sibhedlela

emergência
simo lesiphutfumako

Socorro!
Lusito!

alarme
i-alamu

assalto
kuhlukumeta

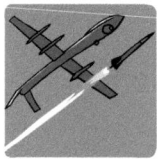

ataque
kuhlasela

perigo
ingoti

saída de emergência
umnyango wekuphuma nakuphutfuma

Fogo!
Umlilo

extintor de incêndios
sicishamlilo

acidente
ingoti

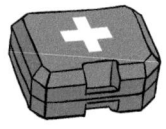

maleta de primeiros socorros
ikhidi yelusito lwekucala

SOS
SOS

polícia
emaphoyisa

Terra
Umhlaba

Europa
i-Europe

América do Norte
iNyakatfo YeMelika

América do Sul
iNingizimu YeMelika

África
i-Afrika

Ásia
i-Asia

Austrália
i-Australia

Atlântico
i-Atlantic

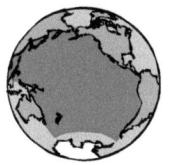

Pacífico
i-Pacific

Oceano Índico
i-Idian Ocean

Oceano Antártico
i-Antarctic Ocean

Oceano Ártico
i-Arctic Ocean

Polo Norte
Ligumbi laseNyakatfo

Polo Sul	Antártica	Terra
Ligumbi laseNingizimu	iAntarctica	Umhlaba

terra	mar	ilha
indzawo	lwandle	sichingi
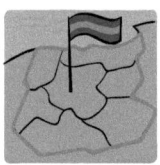	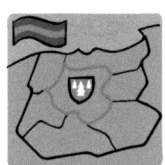	
nação	estado	
sive	umbuso	

relógio
liwashi

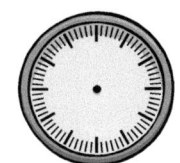

mostrador do relógio
buso beliwashi

ponteiro das horas
li-awa

ponteiro dos minutos
imizuzu

ponteiro dos segundos
imizuzwana

Que horas são?
sikhatsi sini nyalo?

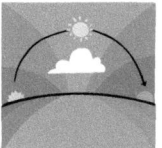

dia
lusuku

tempo
sikhatsi

agora
nyalo

relógio digital
liwashi lesimanjemanje

minuto
umzuzu

hora
li-awa

semana
liviki

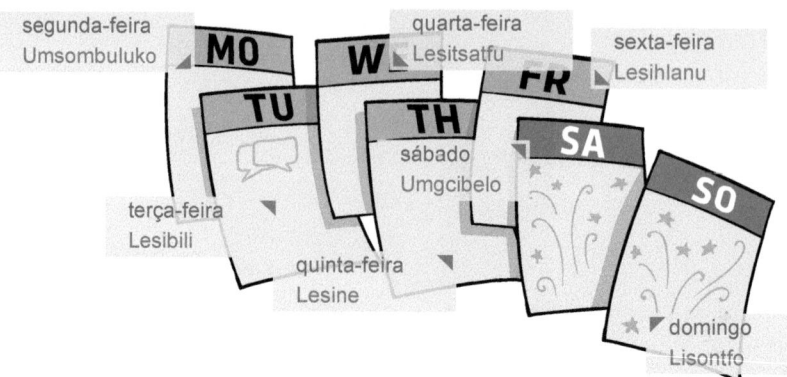

segunda-feira
Umsombuluko

terça-feira
Lesibili

quarta-feira
Lesitsatfu

quinta-feira
Lesine

sexta-feira
Lesihlanu

sábado
Umgcibelo

domingo
Lisontfo

ontem
itolo

hoje
lamuhla

amanhã
kusasa

manhã
ekuseni

meio-dia
emini

entardecer
entsambama

dias úteis
emalanga emsebenti

fim de semana
imphelasontfo

semana - liviki

ano
umnyaka

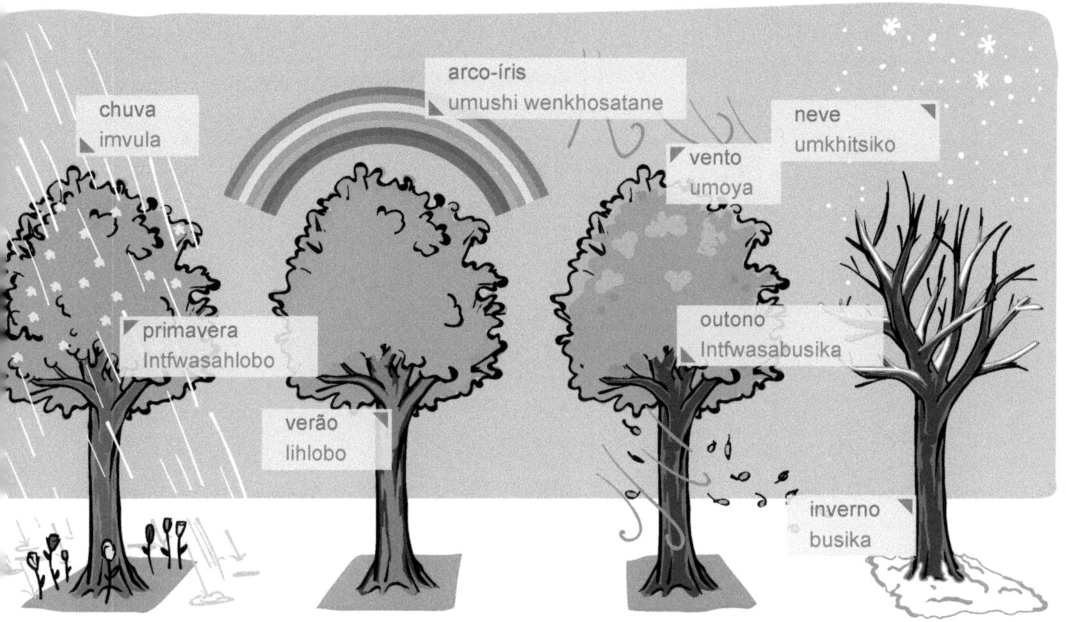

chuva
imvula
arco-íris
umushi wenkhosatane
neve
umkhitsiko
vento
umoya
primavera
Intfwasahlobo
outono
Intfwasabusika
verão
lihlobo
inverno
busika

4.APRIL 11°
5.APRIL 4°
6.APRIL 13°
7.APRIL 8°
8.APRIL 10°

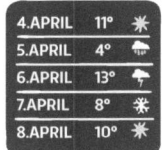

previsão do tempo

simo selitulo

F
C
120
90
60
30
0
-30
40
30
20
10
0
-10
-20

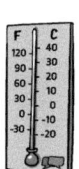

termômetro

kwekuhlola lizinga lekushisa

raio de sol

kubalela

nuvem

emafu

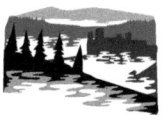

neblina / nevoeiro

inkhungu

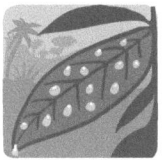

umidade do ar

umswakamo

relâmpago
umbane

trovão
umbane

tempestade
kudvuma lobunebungoti

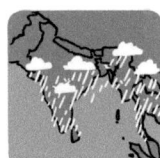

granizo
sangcotfo

monção
inyeti

inundação
tikhukhula

gelo
lichwa

janeiro
Bhimbidvwane

fevereiro
Indlovana

março
Indlovulenkhulu

abril
Mabasa

maio
Inkhwenkhweti

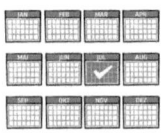
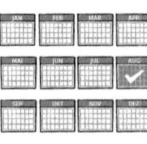

junho
Inhlaba

julho
Kholwane

agosto
Ingci

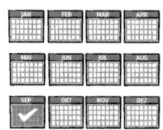
setembro
Inyoni

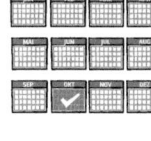
outubro
Imphala

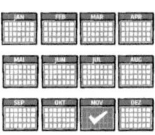
novembro
Lweti

dezembro
Ingongoni

formas
kubumbeka kwetintfo

círculo
indingiliza

quadrado
sikwele

retângulo
umdvwebo lonetinhlangotsi letindze letilinganako

triângulo
ncantsatfu

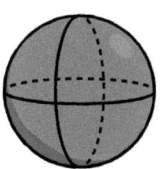
esfera
i-sphere

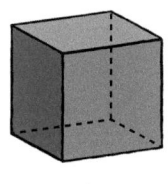
cubo
ikhiyubhu

cores
imibala

branco
kumhlophe

amarelo
phuti

laranja
sheli

rosa
kupinki

vermelho
kubovu

lilás
kunsomi

azul
luhlata

verde
luhlata njengetjani

marrom
loku-brown

cinza
mtfubi

preto
mnyama

opostos
lokwehlukile

muito / pouco

kunyenti / kuncane

furioso / tranquilo

kutfukutsela / kwehlisa umoya

lindo / feio

buhle / bubi

começo / fim

sicalo / siphetfo

grande / pequeno

bukhulu / buncane

claro / escuro

kukhanya / bumnyama

irmão / irmã

bhuti / sisi

limpo / sujo

kuhloba / kungcola

completo / incompleto

kuphelela / kungapheleli

dia / noite

imi / busuku

morto / vivo

kufa / kuphila

largo / estreito

kubanti / kuncane

comestível / não comestível

lokudliwako / lokungadliwa

mau / gentil

inhlitiyo lembi / umusa

entusiasmado / entediado

kutsakasa / kudvumala

gordo / magro

sidudla / umcondvo

primeiro / último

kwekucala / kwekugcina

amigo / inimigo

umngani / sitsa

cheio / vazio

kugcwala / kute lutfo

duro / macio

kucina / kutsamba

pesado / leve

kusindza / kulula

fome / sede

kulamba / koma

doente / saudável

gula / umcemane

ilegal / legal

kungabi semtsetfweni /
kuba semtsetfweni

inteligente / idiota

kuhlakanipha / bulima

esquerda / direita

sencele / sekudla

perto / longe

dvutane / khashane

novo / usado
lokusha / lokudzala

nada / alguma coisa
kute lutfo / kunalokutsite

velho / jovem
budzala / busha

ligado / desligado
kuyasebenta / akusebenti

aberto / fechado
kuvulekile / kuvalekile

baixo / alto
kuthula / umsindvo

rico / pobre
kunjinga / kuphuya

certo / errado
kulungile / akukalungi

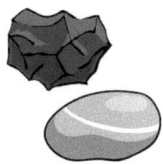

áspero / liso
kuyahhedla / kuyashelela

triste / feliz
kuva buhlungu / kujabula

curto / longo
kufishane / kudze

lento / rápido
kunwabuka / kushesha

molhado / seco
kumanti / komile

ameno / fresco
kufutfumele / kusivuvu

guerra / paz
imphi / kuthula

opostos - lokwehlukile

números
tinombolo

0 zero
indilinga

1 um
kunye

2 dois
kubili

3 três
kutsatfu

4 quatro
kune

5 cinco
sihlanu

6 seis
sitfupha

7 sete
sikhombisa

8 oito
siphohlongo

9 nove
yimfica

10 dez
lishumi

11 onze
lishumi nakunye

12
doze
lishumi nakubili

13
treze
lishumi nakutsatfu

14
quatorze
lishumi nakune

15
quinze
lishumi nesihlanu

16
dezesseis
lishumi nesitfupha

17
dezessete
lishumi nesikhombisa

18
dezoito
lishumi nesiphohlongo

19
dezenove
lishumi nemfica

20
vinte
emashumi lamabili

100
cem
likhulu

1.000
mil
inkhulungwane

1.000.000
milhão
sigidzi

números - tinombolo

idiomas
tilwimi

inglês
Singisi

inglês americano
Singisi saseMelika

chinês mandarim
SiMandarini seseShayina

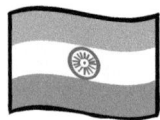

hindi
SiHindi

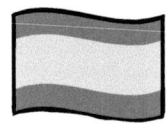

espanhol
Sipanishi

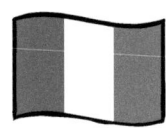

francês
SiFulentji

árabe
Si-Arabu

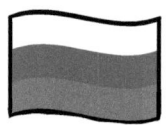

russo
SiRashiya

português
SiPhuthukezi

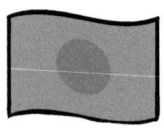

bengalês
SiBhengali

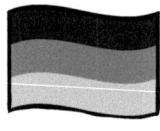

alemão
SiJalimane

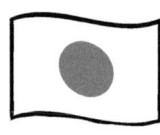

japonês
SiJapane

quem / o quê / como
ngubani / ini / njani

eu
Mine

você
wena

ele / ela
yena / yona

nós
tsine

vocês
nine

eles / elas
bona

quem?
bani?

O quê?
ini?

como?
njani?

onde?
kuphi?

Quando?
nini?

nome
libito

onde
kuphi

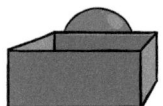
atrás
ngemuva

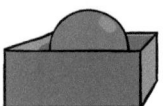
em
ekhatsi

na frente de
embi kwe

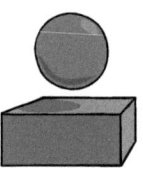
sobre
ngenhla

em cima
etulu

debaixo
ngephansi

do lado
eceleni

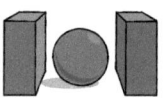
entre
emkhatsini

lugar
indzawo